Réussir votre mariage

Sommaire:

Maîtriser le langage secret de l'amour

Qu'est-ce qui nous attire chez certains individus, alors que d'autres nous déplaisent ?

Dans certains milieux, cette force d'attraction a été attribuée au destin, à la fatalité ou même au karma. Au-delà du rêve romantique des âmes sœurs, il y a une cause scientifique bien réelle à l'œuvre ici : le langage secret de l'amour qui est câblé dans votre physicalisme

Chacun d'entre nous est constitué de 6 000 miles de neurones câblés à travers le corps. Ces neurones affectent tous les domaines de notre vie, y compris nos comportements complexes en amour - un processus totalement subjectif et illogique.

Si vous êtes déjà tombé amoureux, vous savez que cela n'a parfois rien à voir avec le fait que la personne vous convienne ou non. Pourquoi cela se produit-il ? Cela se produit simplement parce que ce que nous décrivons dans notre société comme "tomber amoureux" est la formation d'un chemin neural subjectif à l'intérieur de notre cerveau.

.

Qu'est-ce que cela signifie ? Cela signifie simplement qu'en réponse à des expériences émotionnelles antérieures, votre cerveau est devenu câblé pour interpréter l'amour d'une manière très particulière. Et cette façon est façonnée par ce que vous avez interprété l'amour dans le passé.

Vous avez une formule ou une équation d'amour unique qui contient tous les comportements, les émotions et les expressions que vous interprétez comme de l'amour. Ensemble, ils constituent votre langage secret de l'amour qui opère en grande partie au niveau du subconscient.

Un aspect de votre équation amoureuse contient un ensemble spécifique de critères qui doivent être présents pour que vous tombiez amoureux. Cet aspect explique pourquoi certains d'entre nous sont inexplicablement attirés par des individus aux cheveux foncés, aux yeux bleus ou à une autre caractéristique physique. Lorsque nous nous trouvons attirés par une autre personne, la chimie du cerveau commence à générer les endorphines appropriées et nous "tombons amoureux".

Un autre aspect de votre équation amoureuse contient l'ensemble des critères qui doivent être présents pour que vous vous sentiez aimé. Cet aspect fonctionne pendant toute la durée de la relation : si l'on veut que la relation ait une chance de survivre à la phase initiale, il est impératif que nous en apprenions davantage sur ce dont nous avons besoin l'un de l'autre pour nous sentir aimés. C'est ce que j'appelle votre équation secrète de l'amour, car elle se produit à un niveau subconscient.

Votre équation de l'amour secret est basée sur le concept de récompense. Si vous avez été récompensé pour certains comportements, comme le respect des règles en grandissant, vous avez appris à interpréter cette récompense comme de l'amour. Vous êtes susceptible de répéter une version de ce comportement avec un partenaire dans l'espoir d'obtenir une récompense similaire. Ainsi, l'enfant obéissant devient un partenaire soumis et s'attend à être récompensé pour ce comportement, qui est alors interprété comme de l'amour.

Et c'est là que le bât blesse ! Malgré les recherches menées auprès de milliers de personnes et leurs équations de l'amour, il n'y a pas deux partenaires qui ont des équations de l'amour identiques pour se sentir aimé. Les équations de l'amour sont complètement subjectives. Par conséquent, la façon dont vous exprimez l'amour peut être très différente de la façon dont votre partenaire interprète l'amour.

Lorsqu'un partenaire exprime à l'autre : "Je ne me sens pas aimé par toi", l'autre peut répondre en énumérant de nombreuses choses qu'il fait pour démontrer son amour. Cependant, pour le partenaire qui ne se sent pas aimé, aucune des actions énumérées ne peut être assimilée à de l'amour dans son esprit, car ces actions ne sont pas câblées dans son langage secret de l'amour. Il est tout à fait possible qu'un partenaire dans une relation se sente extrêmement aimant, alors que l'autre partenaire se sent en fait complètement mal aimé !

D'une manière générale, les hommes trouvent plus facile d'exprimer leur amour en faisant des choses pour leur partenaire. Les femmes, en revanche, peuvent ne pas considérer ces actions comme des expressions d'amour parce qu'elles recherchent une expression verbale romantique de l'amour en dehors de la routine quotidienne.

Et l'intrigue s'épaissit : Si le fondement de votre équation amoureuse unique repose sur les expériences émotionnelles de votre passé, vos convictions sur ce qui se passe après votre chute amoureuse peuvent changer radicalement à la suite d'un bouleversement émotionnel majeur.

Dans l'équation amoureuse traditionnelle (mythique) chère à notre culture, vous rencontrez la personne de vos rêves, vous tombez amoureux, vous vous mariez et vivez heureux pour toujours. La plupart d'entre nous partent avec une équation amoureuse similaire à celle-ci... jusqu'à la première expérience d'infidélité ou de rupture !

Après avoir souffert d'un cœur brisé et de rêves brisés, votre équation amoureuse peut se transformer en rencontre avec la personne de vos rêves, en tombant amoureux, en vous mariant, en souffrant d'infidélité et en vivant à jamais dans la douleur de cette expérience. Pour une telle personne, même l'idée de rencontrer un partenaire et de tomber amoureuse est désormais synonyme de douleur.

Chaque fois que cette personne rejoue mentalement l'expérience émotionnelle négative, elle renforce en fait la nouvelle équation de l'amour, qui la rend impuissante, en déclenchant une réponse synaptique dans le cerveau qui rend cette nouvelle équation réelle pour elle.

Comment maîtriser le langage secret de l'amour en nous-mêmes et chez nos partenaires ? Nous le faisons par l'honnêteté et l'engagement. Nous devons regarder honnêtement nos blessures et nos douleurs et les exprimer à notre partenaire.

Le vrai amour, comment l'obtenir?

Vous avez cherché l'amour aux mauvais endroits et sur trop de visages, pour ensuite trouver encore plus de douleur et de désespoir ?

Alors il est temps de découvrir la vérité sur votre recherche du véritable amour.

Vous n'avez pas besoin de vous engager dans une recherche sans fin pour M. ou Mme X, ni de faire un compromis ou un arrangement pour aucun M. ou Mme X en ce moment. Si vous continuez à chercher M. ou Mme X, vous vous perdrez inévitablement en essayant de plaire à d'autres personnes qui ne pourront jamais être vraiment satisfaites.

Lorsque vous essayez de satisfaire l'inapte, vous ne faites rien de plus que de lui donner le pouvoir de contrôler votre vie. Bien sûr, le puissant est le subtil rédempteur de toutes vos bonnes actions et peut sans effort jouer le jeu toute la journée, tous les jours.

Il est beaucoup plus important de vous donner le pouvoir en sachant où se trouve réellement votre amour, que de vous vider de votre énergie ou de continuer à vous sentir trahi et de finir par être abandonné en donnant continuellement à quelqu'un qui ne vous rend pas la pareille.

Au lieu de survivre dans le manque d'amour où vous vous retrouvez seul, vous tournez votre précieux amour et votre attention vers la personne qui le mérite le plus, vous ! Pour que vous puissiez prendre conscience très consciemment de toute guérison intérieure nécessaire en vous qui vous a poussé à investir tant de vous-même sans aucun retour.

L'amour véritable est le souvenir et l'application et l'expression de l'amour de soi au moment présent. Cela honore la valeur de vous, votre magnificence divine.

Vous voudrez vous occuper de vous pour être sûr d'éliminer tout ce qui, en vous, vous pousse à attirer les relations extérieures qui sont moins que honorables, respectueuses et aimantes. Votre guérison peut se faire rapidement ; comme lorsque vous êtes engagé à prêter attention au véritable amour de soi, votre cœur s'ouvre et est prêt à recevoir.

La difficulté pour la plupart des gens à accepter et à reconnaître leur propre amour véritable est due aux expériences douloureuses des vies passées et du passé dans cette vie. Ces expériences sont codées au niveau cellulaire en vous. Vous craignez d'être totalement ouvert avec votre liberté d'expression de soi à tous les niveaux, non seulement en raison des anciennes expériences douloureuses, mais aussi au niveau de la véritable cause qui provient du moment où vous avez choisi pour la première fois de baisser votre vibration pour vous enfoncer dans la matière, de la forme humaine lorsque vous avez souscrit à la croyance erronée que vous êtes indigne du véritable amour.

Lorsque vous vous êtes incarné, vous êtes arrivé avec un voile d'oubli. Vous n'êtes pas conscient de ce voile, et ainsi, vous sentez une séparation de votre source, Dieu/Déesse.

Dans la forme humaine, vous avez un ego, ou le mental inférieur. Ce mental inférieur n'a pas la capacité de comprendre comme le mental supérieur universel. L'esprit inférieur tente de tout calculer et de tout comprendre au lieu de se connecter simplement aux sentiments intérieurs d'amour.

L'esprit inférieur tente de comprendre la sensation de séparation, les raisons pour lesquelles vous avez dû faire quelque chose de mal, et votre abandon est une punition directe pour votre crime mal perçu. L'ego ne se souvient pas que votre âme a fait le choix de simplement faire l'expérience de l'incarnation dans le but de réaliser l'amour qu'elle est vraiment.

Ainsi, il calcule que si vous avez fait quelque chose de mal, vous devez être pénalisé pour votre faute d'une manière ou d'une autre. Vous vous engagez dans une expérience de vie après l'autre en vous punissant sous une forme ou une autre pour n'avoir rien fait de plus que de choisir la vie sur terre.

Ces expériences s'accumulent et s'aggravent au fur et à mesure que vous continuez à croire à tort que vous avez commis un acte répréhensible, punissable de quelque manière que ce soit. Ce que vous faites vraiment inconsciemment, c'est créer une opportunité après l'autre pour être capable de voir la vérité supérieure d'être votre propre véritable amour. Malheureusement, vous, comme beaucoup d'autres, êtes coincés dans ce comportement malsain depuis des éons.

L'auto-punition a un bon côté, en raison de vos multiples expériences douloureuses, vous pouvez réaliser la grande vérité qui affirme que vous n'avez pas fait de mal, la vérité qui affirme que vous ne pouvez pas faire de mal parce que vous êtes et avez toujours été l'amour. L'amour qui crée de nombreuses expériences pour se rendre compte qu'il est l'amour personnifié.

Le temps est venu, puisque c'est l'âge d'or du ciel sur la Terre, où tous en viendront à réaliser la vérité du véritable amour de soi.

Vous n'avez pas besoin d'attendre que quelqu'un d'autre transforme vos croyances erronées en connaissance divine, ni de les craindre plus longtemps. Car ceux qui ne sont pas encore prêts à s'éveiller pleinement à la vérité ne pourront pas s'approcher de vous une fois que vous aurez choisi l'amour. Lorsque vous serez connecté à votre véritable amour, vous ne rencontrerez pas ces âmes, comme vous l'avez fait dans le passé ; qui choisissent de vivre dans une vibration inférieure et qui sont coincées à maltraiter les autres parce qu'elles ne s'estiment pas elles-mêmes pour commencer.

Vous ne devez pas craindre d'être vulnérable et de marcher à cœur ouvert, car ceux qui n'ont pas encore appris à s'aimer eux-mêmes ne croiseront tout simplement pas votre chemin. L'énergie de l'amour est une fréquence bien plus élevée et rien de ce qui vibre de peur ne pourra s'approcher de vous. L'amour ne peut pas encore.

Les sept dimensions de l'amour

L'amour est la plus belle réalité de ce monde. Il imprègne le monde comme Dieu. Il est le plus difficile de "définir" l'amour mais le plus facile à "connaître". Nous savons tous ce qu'est l'amour. Même un animal sait ce qu'est l'amour. L'amour est donc la question de la réalisation et la connaissance de l'amour est la connaissance de l'univers. Saint Kabir, le célèbre poète soufi a dit,

De nombreuses personnes sont mortes en lisant les Écritures,

Pourtant, ils n'ont pas réussi à devenir sages,

Celui qui a compris le sens du mot "Amour",

est le seul homme à être sage.

L'amour n'est donc pas seulement une émotion, mais aussi la connaissance la plus profonde qu'un homme puisse s'attendre à connaître. Une fois que l'on connaît l'amour, rien d'autre n'est plus inconnu. Pourtant, l'amour n'a rien de mystérieux ou de complexe, car même la personne la plus innocente le "connaît" sans avoir lu un seul livre.

La connaissance de l'amour requiert non seulement l'application de l'esprit, mais aussi du cœur, de l'âme et de l'intuition.

La complexité de l'amour est due au fait que l'amour a de multiples dimensions. Il est comme un être vivant composé de nombreuses parties du corps. Ces membres sont interconnectés les uns avec les autres de telle sorte qu'ils se complètent les uns les autres. Ils sont tous importants et font partie intégrante de l'être car une personne devient boiteuse même si une partie du corps disparaît.

L'amour se manifeste sous sept formes différentes. Il est comme un faisceau de lumière blanche qui cache en lui le spectre des sept couleurs. Si même la couleur en est une, l'amour est incomplet. Ces sept dimensions sont décrites comme suit.

1. L'amour est sensuel

La dimension la plus primaire de l'amour est le corps qui conduit à la satisfaction des sens. On ne peut pas aimer quelqu'un qui ne peut être vu ou imaginé. L'amour sensuel est si important en amour que souvent les gens utilisent le mot "amour" de façon interchangeable avec "luxure" qui cherche la satisfaction sexuelle.

Bien que la luxure soit considérée par beaucoup comme la manifestation la plus basse de l'amour, la sensualité est un ingrédient nécessaire à l'amour. Par exemple, les soufis ont développé leur amour pour Dieu par le biais de la sensualité. Ils imaginaient Dieu comme un homme (ou une femme) et eux-mêmes comme leur bien-aimé. La racine de l'idolâtrie réside également dans le besoin de l'homme de développer un attachement émotionnel et sensuel avec Dieu. Les religions qui ignoraient les dimensions physiques de l'amour, rendaient souvent leurs adeptes sans cœur et sans pitié. Les personnes qui ont ignoré la dimension physique de l'amour ne parviennent souvent pas à trouver l'amour du tout dans leur vie.

2.L'amour, c'est la compassion

Aristote a dit : "L'amour est composé d'une seule âme qui habite deux corps." C'est peut-être la définition la plus simple de l'amour. Lorsqu'une personne aime une autre personne, elle partage les douleurs et le bonheur de celle-ci comme si elles partageaient la même âme. C'est ce qu'on appelle la compassion qui est définie comme "une conscience profonde et une sympathie pour la souffrance d'autrui".

Une mère qui aime son enfant ne peut pas supporter la douleur de son enfant et même donner sa propre vie, si cela contribue à réduire la douleur de son enfant. Souvent, les gens se sentent possessifs par rapport à leur amour, car ils veulent éviter toute douleur à leur proche.

 3.L'amour est un soin

L'amour n'est pas seulement une émotion qui unit les gens. Lorsque vous aimez une personne, vous faites tout pour rendre votre bien-aimée heureuse, car c'est dans son bonheur que réside votre bonheur. La distinction des corps disparaît pour les personnes aimées. L'amour sans action n'a pas de sens, comme l'illustre ce beau poème "Which Loved Best ?" de Joy Allison.

"Je t'aime. Mère", dit le petit John ;

Puis, oubliant son travail, sa casquette continua,

Et il était parti à la balançoire du jardin,

Et lui a laissé l'eau et le bois à apporter.

"Je t'aime, mère", dit Rosy Nell-

"Je t'aime plus que les langues ne peuvent le dire" ;

Puis elle a taquiné et fait la moue toute la moitié de la journée,

Jusqu'à ce que sa mère se réjouisse lorsqu'elle est allée jouer.

"Je t'aime, maman", dit le petit Fan ;

"Aujourd'hui, je t'aiderai autant que possible ;

Comme je suis heureux que l'école ne se maintienne pas !"

Alors elle berça le bébé jusqu'à ce qu'il s'endorme.

Puis, en marchant doucement, elle alla chercher le balai,

Il a balayé le sol et a rangé la pièce ;

Elle était occupée et heureuse toute la journée,

Utile et heureux comme un enfant peut l'être.

"Je t'aime, maman", disaient-ils encore,

Trois petits enfants se couchent ;

Comment pensez-vous que cette mère a deviné ?

Lequel d'entre eux l'aimait vraiment le plus ?

Si l'amour ne conduit pas à une action positive de bienveillance, il ne peut s'agir d'amour. C'est pour cette raison que toutes les religions ont demandé à leurs adeptes de faire des œuvres de charité au profit des pauvres, car seule une action positive peut plaire à Dieu et l'amour envers Dieu se manifeste.

4. L'amour, c'est le partage

L'amour n'est pas seulement le partage de l'âme, mais aussi le partage des choses du monde. Une famille est une unité d'amour typique où chacun partage tout avec les autres. Ils partagent la maison, leurs biens, leurs meubles et tout ce qui se trouve dans la maison.

Tout appartient à chacun dans la famille. La distinction entre les miens et les leurs disparaît pour les personnes qui s'aiment. Si vous n'êtes pas prêt à partager votre bien le plus précieux avec votre bien-aimé, vous n'aimez certainement pas cette personne. Un homme qui aime Dieu considère toujours que tout appartient à Dieu. Il n'aurait donc aucun attachement avec les biens matériels. Il n'hésite donc pas à donner ses biens aux autres. Celui qui accumule des richesses ou reste attaché à ces richesses ne peut pas aimer. De même, celui qui ne souhaite pas partager ses richesses avec les personnes qu'il aime n'aime pas en réalité.

5. L'amour, c'est la confiance

La confiance est le plus important en amour. Comment pouvez-vous vous méfier d'une personne qui partage votre propre âme ? Lorsque la confiance fait défaut, l'amour ne peut pas durer. Quand on aime, on met toute sa confiance dans sa croyance. Sans confiance, l'amour n'est pas possible, car la confiance est le test de l'amour.

Quand on aime, on met toute sa confiance dans sa croyance.

Sans confiance, l'amour n'est pas possible, car la confiance est le test de l'amour. Il est facile de dire que vous aimez quelqu'un ou que vous êtes comme deux corps et une âme. Mais il n'est pas facile d'avoir une confiance totale dans son bien-aimé. Lorsqu'un homme aime Dieu, il pose une confiance totale en Dieu, ce qu'on appelle la foi. Lorsque vous aimez votre enfant, vous avez une confiance totale en lui. L'importance de la confiance dans l'amour est magnifiquement décrite dans le poème "Trust" de Malcolm Coleman.

Fragile comme un lys,

il cimente les relations.

Sans elle, il ne peut y avoir de sens

aux mots "Je t'aime",

Sans elle, tout échoue,

et le bonheur est érodé.

Comme les arbres en automne

perdent leurs feuilles,

donc je perds la vie

si on me fait confiance, je ne le suis pas.

On doit me faire confiance,

car la confiance crée de l'espoir et de l'amour.

La confiance apporte à toutes choses

une plénitude sublime,

et qui ne peuvent être expliquées.

Mon âme entière crie de peur

si on ne me croit pas.

Si on ne me fait pas confiance,

que puis-je faire ?

6. L'amour, c'est la révérence

Le monde matériel a créé des hiérarchies car toute chose matérielle a un début et une fin et tout est mesurable. Par conséquent, tout est plus grand ou plus petit que les autres selon un critère mesurable. Cependant, l'âme est éternelle et n'a ni début ni fin. Nous respectons souvent les personnes qui, dans le monde, sont plus âgées ou plus compétentes que nous. Pourtant, tous les hommes sont spirituellement les mêmes, car tout le monde a la même âme. Pourtant, chaque âme se manifeste dans ce monde comme un être différent. Puisque chacun a été conçu dans un but différent, chacun est donc supérieur aux autres à certains égards. Un jeune enfant est supérieur à un adulte à bien des égards. Jésus a enseigné,

"Si vous ne vous convertissez pas et ne devenez pas comme de petits enfants, vous n'entrerez nullement dans le royaume des cieux" (Matthieu 18:3).

Ainsi, lorsque vous aimez une personne, vous la respectez également pour ce qu'elle est. En Inde, lorsque deux personnes se rencontrent, elles se saluent en se tendant la main et en appelant le mot "Namaste". Le mot "Namaste" est composé de deux mots sanskrits - namah + te - qui signifient "Je m'incline devant ce (la divinité ou l'âme) qui est inhérent à toi".

Si vous aimez votre enfant, vous le respectez en tant que personne pour ce qu'il est, car vous voyez en lui de nombreuses qualités qui doivent être respectées. Si vous ne respectez pas une autre personne, cela signifie simplement que vous ne la considérez pas comme meilleure que vous à tous égards. Comment pouvez-vous aimer une telle personne qui vous est inférieure à tous égards ?

La révérence dans sa forme la plus élevée prend la forme d'un culte. Les gens qui aiment Dieu adorent donc Dieu, car ils considèrent que Dieu est la forme la plus élevée de l'âme qui est suprême à tous égards.

7. L'amour est l'amitié

Lorsque les âmes des amants sont une, comment leurs esprits peuvent-ils être différents ? Le partage de l'esprit ou de la pensée s'appelle l'amitié. Aristote a dit,

"Sans amis, personne ne choisirait de vivre, bien qu'il ait tous les autres biens."

L'amitié est une autre dimension importante de l'amour. Tout comme on peut compter sur ses amis dans les moments difficiles, il en va de même pour l'amour. L'amour n'est pas durable sans la rencontre des esprits. Même une personne religieuse, qui aime Dieu, développe en fait une sorte d'amitié avec Dieu. Il peut communiquer avec Dieu et comprendre ses pensées. Un homme qui aime sa bien-aimée connaît ses pensées sans effort. Si vous aimez votre enfant, vous êtes aussi son meilleur ami. Lorsque vous parlez à un enfant, vous utilisez automatiquement son langage, son style et son langage pour communiquer. Vous jouez avec lui comme un enfant. L'amitié vous transforme d'adulte en enfant.

Les enfants qui aiment leurs parents ne sont jamais impressionnés par leur grandeur ou leur méchanceté car ils les trouvent au même niveau qu'eux. Ainsi, l'amitié est toujours présente entre les personnes qui aiment.

Qu'est-ce que l'amour sans toutes ses dimensions

La plupart des gens se trompent dans leur compréhension de l'amour. Un homme et une femme peuvent penser que l'amour n'est rien d'autre qu'une attraction physique. Pourtant, un tel amour ne se maintient pas s'il n'est pas complet dans toute sa dimension. Par conséquent, l'amour basé sur une simple attraction physique ne dure pas longtemps s'il n'est pas rempli de compassion, de respect, de confiance, de bienveillance, de partage et d'amitié. L'amour envers Dieu ne fait pas exception à la règle. On ne peut pas trouver Dieu simplement en priant ou en suivant les rituels. Il faut aussi avoir de la compassion pour Dieu et développer une amitié avec lui en connaissant son esprit. Un amoureux de Dieu doit prendre soin de ses créations et les partager en faisant des œuvres de charité et en faisant le bien pour les autres personnes dans le monde qui sont tous des enfants de Dieu.

L'amour est donc, à juste titre, décrit comme la plus grande connaissance du monde car il est le moyen ainsi que la fin de tout ce que l'on veut apprendre, sentir et connaître.

Travailler sur l'amour pour revitaliser votre mariage

Il existe de nombreux types d'amour différents. L'amour d'une mère pour son bébé, l'amour d'un ami, l'amour de la famille, l'amour d'un animal domestique, l'amour de la nature, mais le plus unique de tous concerne l'amour et le mariage. Travaillez sur l'amour pour revitaliser votre mariage.

L'amour dans le mariage est l'union émotionnelle ultime entre deux êtres humains. Il existe différents niveaux d'union émotionnelle et tous sont importants, mais le mariage est spécial parce qu'il est l'endroit où deux personnes partagent tout, physiquement, émotionnellement et spirituellement. Dans le mariage, un couple ne fait qu'un. Ce sont des âmes sœurs. Une âme sœur est une personne avec laquelle vous avez un sentiment d'affinité profonde ou naturelle, de similarité, d'amour, de sexe, d'intimité, de sexualité, de spiritualité et de compatibilité. Le lien romantique le plus fort que vous pouvez établir avec une autre personne est de devenir des âmes sœurs. Une âme sœur est un partenaire romantique, ce qui implique un lien exclusif à vie.

Le mariage est la forme d'amour la plus élevée où deux âmes sœurs fusionnent pour ne faire qu'un et revenir à l'être ultime. Les deux partenaires d'un mariage apportent des choses différentes à la relation. Ils peuvent avoir des points de vue similaires ou complémentaires sur la vie. Deux personnes différentes apportant des choses différentes au mariage, c'est ce qui rend la relation passionnante et dynamique. Le mariage est une relation didactique dans laquelle deux personnes amoureuses réalisent plus de choses ensemble que si elles travaillaient indépendamment l'une de l'autre.

Le mariage est l'union sacrée de l'esprit, du corps et de l'âme. La nudité dans un mariage est un symbole de cette union car il n'y a rien à cacher. Cette union totale de l'esprit, du corps et de l'âme ne se fait pas du jour au lendemain. L'amour et le mariage sont la clé d'une vie plus heureuse. Cependant, même s'il s'agit d'un coup de foudre, il faut continuer à travailler sur l'union. Travaillez sur l'amour pour revitaliser votre mariage.

L'union totale de deux âmes prend du temps. Construisez-la par étapes, et profitez de chaque étape. Il y aura des revers de temps en temps, mais les revers n'ont pas d'importance - ce qui compte, c'est la façon dont vous les traitez. Ayez un plan d'action pour travailler ensemble sur les problèmes, mais il est intéressant de noter que la résolution des problèmes n'est pas la clé d'un mariage heureux et réussi. C'est l'amour.

Comme Adam et Eve, la tentation survient lorsque vous pensez que l'herbe est plus verte de l'autre côté de la montagne. Mais ce n'est pas le cas. Il se peut que vous n'atteignez plus jamais le sommet de la montagne, alors efforcez-vous de rester au sommet plutôt que de glisser au hasard de l'autre côté. Il faut du temps et des efforts pour arriver au sommet de la montagne, il est donc conseillé d'en profiter une fois arrivé.

Partagez vos centres d'intérêt et faites des choses passionnantes ensemble dans le cadre du mariage. Il se peut que l'un de vous doive parfois faire des compromis, mais le temps investi en vaudra la peine. Mais ayez aussi un peu de temps libre, un espace personnel pour faire vos propres affaires. De cette façon, vous ne serez pas claustrophobes et vous vous apprécierez encore plus l'un l'autre.

Alors pourquoi un mariage échoue-t-il ? Pourquoi ce lien exclusif à vie est-il rompu ? Vous vous êtes cherchés l'un l'autre à travers les âges. Bien que vous vous soyez liés en tant qu'âmes sœurs, vous envisagez maintenant de vous séparer. Le karma joue-t-il un rôle ? Ou la réponse est-elle plus simple que cela ?

La loi de l'attraction remonte à celle d'Adam et Eve. La théorie évolutionniste de l'attraction indique que la principale attraction d'un homme pour une femme est due à la fertilité et que la principale attraction d'une femme pour un homme est due à ses qualités de pourvoir et de protéger. Une relation conjugale/romantique a pour but principal de procréer pour perpétuer l'espèce humaine. Ces actions sont contrôlées par le subconscient car c'est ainsi que nous sommes biologiquement programmés.

Cela remonte à l'époque de l'homme des cavernes et implique l'instinct de chasseur. L'approche du chasseur est très puissante chez les hommes lorsqu'ils trouvent une nouvelle petite amie. Ils montrent leurs compétences en matière de leadership - ils vous invitent à sortir, ils paient le repas, ils ouvrent la porte, ils vous demandent de les épouser. Et les femmes, en raison de leur instinct biologique, sont inconsciemment attirées par ce comportement

- elles tombent profondément amoureuses de ce partenaire potentiel, de ce pourvoyeur, de ce père potentiel de ses enfants.

Il va donc sans dire que lorsqu'un mariage échoue, l'attraction est morte. Le lien d'attraction qui maintenait l'union a échoué. Le secret pour sauver un mariage réside dans la reconstruction de cette attirance. Et comment y parvenir ?

La réponse se trouve dans le leadership. Vous devez travailler sur les compétences de leadership masculin afin de raviver l'instinct de chasseur en lui pour qu'il devienne ce leader étonnant, convaincant, dynamique et charismatique qui a d'abord attiré l'âme soeur féminine. Et laissez sa biologie s'occuper du reste. Votre désir sexuel sera réactivé. Vous tomberez follement amoureux à nouveau. L'amour et le mariage sont la clé d'une vie conjugale plus heureuse. Travaillez-y ensemble et votre mariage sera revitalisé.

3 façons de faire de votre mariage d'amour un mariage plein d'amour

Lorsque Frank Sinatra chantait "L'amour et le mariage, l'amour et le mariage, vont ensemble comme un cheval et un carrosse", il chantait une vérité universelle. Sans amour, le mariage n'est qu'un arrangement commercial. Vous voulez plus que cela de votre mariage. Vous voulez le conte de fées complet du bonheur conjugal, le feu d'artifice de l'amour, de la passion et de la romance. Ce qui est drôle, c'est que si vous voulez tout cela, vous devez vous mettre au travail dans votre mariage. Voici trois façons de vous assurer que votre mariage est plein d'amour....

Vos vœux de mariage d'amour

En supposant que votre mariage est ou était initialement basé sur une attirance mutuelle, vous disposez des ingrédients parfaits pour garantir une vie d'amour conjugal. N'oubliez pas vos vœux de mariage. Les vœux de mariage sont des déclarations légales d'amour et la promesse de s'aimer l'un l'autre pour la vie. Ils sont des éléments véritablement significatifs et magiques d'une cérémonie de mariage et doivent être honorés et traités avec respect. Vous et votre partenaire faites le vœu de vous aimer l'un l'autre.

Le vœu est la plus solennelle et la plus sérieuse des promesses. Il s'agit d'un engagement inviolable. Traitez-le comme tel et il le deviendra pour vous. Lorsque vous reconnaîtrez votre engagement total à l'égard de ce vœu, vous remuerez ciel et terre pour vous assurer de tenir votre promesse. Vous allez aimer votre partenaire, qu'il le veuille ou non !

L'amour et le mariage vont de pair

L'amour et le mariage vont ensemble comme un cheval et une calèche, non seulement parce qu'ils semblent parfaitement s'accorder, mais aussi parce qu'ils forgent une alliance de travail et qu'ils font un voyage ensemble. Vous et votre conjoint partez en voyage ensemble. Vous vous êtes unis en tant qu'équipe. Parfois, c'est vous qui "tirez la charrue". Parfois, ce sera votre partenaire. Les meilleurs mariages d'amour ont lieu lorsque vous tirez la charrette ensemble et que vous allez dans la même direction ! Soyez prêt à assumer à 100 % la responsabilité d'amener votre mariage là où vous voulez qu'il aille. Versez votre amour dans votre mariage. Transpirez pour votre mariage, c'est ça le véritable amour !

<u>Vous ne pouvez pas dénigrer l'amour et le mariage</u>

Le mariage d'amour est un "institut qu'on ne peut pas dénigrer". C'est un fait élémentaire si vous voulez une vie de bonheur conjugal. Le dénigrer signifie rabaisser ou manquer de respect. Il semble parfois que la plupart des médias s'acharnent à dénigrer l'amour et le mariage. Il n'y a pas vraiment beaucoup de modèles de mariages d'amour à long terme qui sont présentés dans les médias. Ne croyez pas à leur paradigme d'un monde où les mariages d'amour sont peu probables, drôles ou voués au divorce. Respectez votre mariage d'amour, accordez-lui de l'attention et du soin. Travaillez dur et de manière créative pour maintenir l'alchimie entre vous et votre bien-aimé.

<u>L'amour est un verbe qui s'applique au mariage</u>

L'amour et le mariage, on ne peut pas avoir l'un sans l'autre. Mariez-les ensemble pour forger une alliance inébranlable. Ne soyez pas paresseux et attendez que l'amour continue à vous arriver. C'est une façon sûre pour votre mariage de dérailler. Les émotions vous obligent à vous mettre en mouvement. Cela veut dire qu'il faut vous bouger les fesses et faire quelque chose. L'amour dans le mariage est un verbe. C'est une chose que vous choisissez de faire. Vous choisissez consciemment d'aimer votre partenaire et de démontrer cet amour par vos actions, vos choix et vos paroles.

Conseils pour une relation heureuse

Les relations amoureuses et le mariage sont une carrière en soi - nous devons continuer à y travailler tous les jours. En fait, c'est l'une des carrières les plus importantes et les plus stimulantes de toutes - avec celle de parent - car si notre travail fait appel principalement à nos facultés mentales et physiques, les relations font également appel aux émotions qui nous habitent, et cela fait une grande différence. Contrairement aux emplois, dans lesquels nous pouvons simplement avancer sans aucune lutte émotionnelle, les bouleversements relationnels peuvent réellement affecter tout notre être, affectant tous les autres aspects de notre être que nous avons parfois du mal à faire fonctionner. Alors, avant que cela ne devienne une lutte irréparable, que devons-nous faire pour garder l'amour de notre vie heureux ?

L'amour comme il n'y a pas de lendemain - si votre proche a 24 heures à vivre, que ferez-vous pour lui ? Le problème de certaines relations est que, parce que voir son partenaire est si banal, et qu'être dans une zone de confort en sachant que vous êtes ensemble tous les jours, la tendance est de négliger et de ne pas réaliser combien une personne compte pour vous jusqu'à ce que la relation soit remise en question ou pire, si la personne est partie. Considérez chaque jour comme votre dernier jour pour montrer tout ce que vous avez pour la personne : des câlins spontanés, des baisers, le rassurer sur son amour, voir chez lui des choses que vous pouvez complimenter, tout cela semble trivial mais s'additionne pour vous rendre spécial aux yeux de votre proche.

Soyez attentif à ses besoins ou à ses désirs - Votre partenaire veut-il ou laisse-t-il des indices sur quelque chose qu'il aime ? Surprenez votre partenaire avec cela ! Parfois, la rupture d'une relation ou d'un mariage est le signe d'une frustration face à un partenaire qui n'est pas en mesure de "capter" ce que nous voulons ou ce dont nous avons besoin. Je me souviens d'une femme dont le mari aime les courses - elle n'en est pas du tout friande, mais comme cela rendra son mari heureux, elle a acheté des billets pour les deux, même si ce n'était pas vraiment son intérêt.

La valeur de cette activité, c'est qu'au lieu de vous déchirer par vos intérêts individuels, vous pouvez profiter de son activité et ainsi créer plus de liens. Ne limitez pas les actes de surprise de votre partenaire à des occasions spéciales. Des surprises petites mais constantes de temps en temps sont toujours mieux que de se souvenir de lui lors d'un anniversaire ou d'une fête. Ce sont les actes d'amour spontanés "juste parce que" qui vous rendent inoubliables aux yeux de votre partenaire. Prendre des risques pour faire l'inattendu permet d'entretenir les flammes de l'amour.

Prenez soin de votre partenaire, mais aussi de vous-même - un autre défaut commun. Parce que nous sommes dans une zone de confort d'être ensemble, nous avons parfois tendance à négliger notre apparence physique. Efforcez-vous d'être aussi attrayant que possible pour votre partenaire. Il ne s'agit là que d'un aspect physique et il existe de nombreux autres aspects pour vous rendre indispensable à votre partenaire, mais il sera toujours utile d'examiner tous les angles possibles pour maintenir une relation ou un mariage heureux.

Communiquer, communiquer, communiquer - on ne pourra jamais insister davantage sur cet aspect. Qu'il s'agisse d'un compliment, de se motiver mutuellement, mais aussi lorsqu'il y a des choses qui dérangent. La communication est la clé - lorsque vous êtes contrariés, faites-le savoir à l'autre, mais de façon civilisée, sans crier ! Une communication régulière permet de mieux se comprendre et d'éviter l'accumulation de ressentiment. Et écoutez, écoutez vraiment avec votre cœur. Sachez quand vous devez vous excuser si le besoin s'en fait sentir. Maîtrisez votre colère et prenez le temps de vous taire plutôt que de dire des choses que vous pourriez regretter plus tard.

Aimez tous les jours, donnez-vous à 100 %, prenez chaque instant pour aimer, montrer de l'attention, soyez là pour votre partenaire. De cette façon, vous devenez un partenaire indispensable - soyez quelqu'un qu'il aime non pas parce que vous êtes quelqu'un avec qui il peut vivre, mais parce que vous êtes quelqu'un dont il ne peut se passer.

<u>Comment maintenir l'amour dans le mariage</u>

L'amour dans le mariage est primordial. C'est la seule raison pour laquelle de nombreuses personnes se réunissent pour se marier. Il y a beaucoup d'autres choses qui poussent les célibataires à se réunir pour se marier. L'un d'eux est la commodité et l'amour peut passer au second plan dans la relation. La majorité des mariages sont liés par l'amour, l'attraction et le désir d'être avec l'autre personne. L'amour dans les relations maritales est une chose qui fait souvent défaut dans de nombreuses relations. Beaucoup commencent par le bonheur conjugal qui se transforme en chaos et même en haine. Aujourd'hui, la société est pleine de mariages dits "hollywoodiens". Ce sont des mariages qui ne sont pas sérieux et qui sont de très courte durée. Pour remédier à ces problèmes, les célibataires choisissent de cohabiter ou de vivre ensemble sans que le mot "mariage" ne soit prononcé. Les personnes qui sont déjà mariées doivent enrichir leur union en trouvant des moyens de maintenir l'amour dans le mariage. On trouve partout des experts qui offrent des conseils et des informations sur l'amour et le mariage.

L'internet, la télévision, la radio, les journaux et les magazines contiennent tous les conseils essentiels qui vous guideront dans les grandes relations du mariage.

La première chose que vous devez savoir est que vous êtes responsable de l'amour dans votre mariage. Cela signifie que vous êtes le seul à pouvoir apporter l'amour dans votre union. Certains couples, en particulier les jeunes, chercheront à échapper à la réalité. Par conséquent, lorsque vous commencerez à apprendre comment maintenir l'amour dans le mariage, gardez ce fait à l'esprit. La bonté dans le mariage maintiendra l'amour dans le mariage. Vous devez montrer de l'amour pour recevoir de l'amour. L'amour se mesure souvent aux bonnes choses que vous faites. La bonté et la générosité sont quelques-unes des bonnes choses que vous êtes censé montrer dans une relation. Ce n'est souvent pas très facile lorsque vous êtes confronté à un problème. Cependant, pour maintenir l'amour dans le mariage, vous devez apprendre à gérer les problèmes avec amour. Cela ne signifie pas qu'il faut mettre un couvercle sur les problèmes, mais qu'il faut les aborder de front, avec un esprit ouvert et un cœur qui pardonne. Tous les problèmes conjugaux peuvent être résolus à condition que les deux partenaires soient prêts à travailler et à s'en tenir au mariage.

Laissez une tierce personne venir vous montrer un point de vue différent. Cela ne signifie pas que la personne vient pour résoudre votre problème, mais qu'elle vient pour servir de médiateur. Ce rôle peut être assumé par un conseiller matrimonial qualifié. Cela peut être une expérience très révélatrice qui permettra de raviver l'amour ressenti autrefois. Il y a une préoccupation qui est généralement présente dans l'esprit des couples. Il s'agit du fait que, parfois, dans une relation, il n'y a pas de sentiments d'amour, d'où ce qu'on appelle la période de sécheresse. C'est une caractéristique de la vie qui arrive à tout le monde. Il suffit de ramener ses sens à la réalité et de réaliser que l'amour que l'on partage est simplement caché dans son cœur. Laissez-le sortir et partagez-le ; vous ne le regretterez pas.

www.ingramcontent.com/pod-product-compliance
Lightning Source LLC
Chambersburg PA
CBHW052135150726
48002CB00006B/2624